1

Le Guide Fast di Iris e Periplo Travel

GOLFO DEI POETI

Lerici - San Terenzo - Tellaro

A cura di Sara Bontempi

Lerici

Tellaro

San
Terenzo

4

Sommario

- Le ricette del Golfo

- Dove mangiare nel Golfo dei Poeti, anche senza glutine

- Dove dormire? I nostri consigli

Introduzione

Iris e Periplo Travel nel Golfo dei Poeti

Il Golfo dei Poeti si trova nel levante ligure, chiamato così perché è stato residenza di numerosi poeti noti in tutto il mondo.

Questa è la nostra casa e possiamo ammettere di essere dei Travel Blogger davvero fortunati, perché al ritorno di ogni nostro viaggio torniamo sempre in un vero paradiso.

Questo libro non è una guida ufficiale sul Golfo dei Poeti, ma fonte della passione e dell'amore che proviamo per il Comune dove viviamo.

Vogliamo far conoscere questi bellissimi luoghi a tutti e speriamo di farvi innamorare con le nostre parole e le tante foto.

Tra le informazioni potrebbero esserci imperfezioni o mancanze, sicuramente dimenticheremo di nominare qualche luogo o di parlare di qualche personaggio in particolare.

Ma ci abbiamo messo tutto il cuore in questa guida e speriamo che questo si senta nelle pagine che leggerete.

COME ARRIVARE

Come arrivare

Il Golfo dei Poeti è in provincia di La Spezia ed è possibile arrivare a Lerici, San Terenzo e Tellaro in auto o autobus.
Se venite da La Spezia ci sono anche i traghetti in vari periodi dell'anno che portano a Lerici.

Se partite in aereo potete arrivare all'aeroporto Galileo Galilei di Pisa oppure a quello di Genova, l'aeroporto Cristoforo Colombo.

In treno, da dovunque voi partiate, viaggiate fino alle stazioni di La Spezia centrale e Sarzana, che sono tranquillamente servite con gli autobus del servizio pubblico.

Dall'aeroporto e dalle stazioni ferroviarie potete anche chiamare il servizio taxi di Lerici o di San Terenzo.

Se invece venite in auto o in moto ci sono due opzioni che potete prendere in considerazione.

C'è l'autostrada A1, Genova – Livorno, con uscita al casello di Sarzana, trovandovi a circa 6 chilometri dal Lerici.

Oppure l'autostrada A15, La Spezia – Parma, dove uscendo al casello della Spezia sarete a soli 5 chilometri dalla bellezza del Golfo dei Poeti.

I mezzi per visitare il Golfo dei Poeti

Iris e Periplo Travel

I mezzi per visitare il Golfo dei Poeti

Durante il periodo estivo nel Comune di Lerici l'accesso delle auto è limitato con controllo di telecamere a seguito della ZTL, la zona a traffico limitato appunto.
Il transito di ciclomotori è sempre consentito, ma se venite in automobile, potete comunque trovare un buon numero di parcheggi a pagamento dove lasciare la vostra auto.

Parcheggi

Il parcheggio principale è quello della Vallata, facilmente accessibile dalla strada provinciale.
Qui trovano spazio circa 500 auto ed alcuni camper nella parte superiore, adiacente all'ingresso della galleria Primacina, che porta direttamente al centro di Lerici.

C'è poi il parcheggio multipiano interrato di Carbognano, situato sopra l'abitato di Lerici. L'entrata si trova in corrispondenza del bivio per la località di Tellaro lungo la salita Lerici-Bellavista.

A disposizione sempre a Lerici anche i parcheggi di Piazza Ghidoni, in Località Venere Azzurra e il parcheggio Erbetta.

A monte dell'abitato di San Terenzo, in Via Milano Località Bagnara invece trovate il parcheggio Campetto, con 80 posti auto.

Per Tellaro c'è un piccolo parcheggio a pagamento che si trova vicino al cimitero del borgo.

A piedi

Nemmeno a dirlo che la cosa migliore da fare per ammirare tutto il panorama del Golfo dei Poeti è di scoprirlo con delle escursioni rigorosamente a piedi.

In questo modo si attraversano i vari caruggi, gli stretti vicoli che caratterizzano questi meravigliosi borghi e che attraversano i centri abitati riservando sempre piacevoli sorprese ai visitatori che hanno la curiosità di scoprire le bellezze e le particolarità proprie della Liguria di Levante.

I mezzi

Per chi volesse utilizzare i mezzi di trasporto per passare da un paese all'altro, gli autobus sono la soluzione più comoda.
Ci sono i bus di linea che passano da Lerici e San Terenzo ad orari prestabiliti che

potete trovare dalle colonnine delle fermate ATC.
Dalle fermate di Lerici potete prendere anche l'autobus che vi porta direttamente a Tellaro.
In più, molto conveniente, c'è anche un servizio di Bus navetta che collega le area di sosta ai centri storici.
Il prezzo del biglietto è irrisorio, circa 1€ a persona, ed è valido per poter utilizzare la navetta tutta la giornata.

Ricordate infine che sia a Lerici che a San Terenzo si trovano i servizi di taxi, perciò se avete bisogno di muovervi in modo pratico e veloce potete chiamare loro.

Lerici, il borgo sul mare

IRIS E PERIPLO TRAVEL

Lerici, il borgo sul mare nel Golfo dei Poeti

Lerici è uno dei borghi marinari più famosi della Liguria e del nord dell'Italia in generale.
Vanta tra gli altri, la frazione di Tellaro che fa parte del circuito dei borghi più belli d'Italia e San Terenzo, noto in tutto il mondo per aver ospitato Mary Shelley e Percy Bysshe Shelley.

Citato da Dante nel terzo canto del Purgatorio, Lerici è da sempre meta privilegiata di artisti, pittori e scrittori che, da secoli, rimangono affascinati dalla bellezza del borgo e dai suoi scorci.

DIVINA COMMEDIA
DANTE

Tra Lerice e Turbia la
più diserta,
la più rotta ruina è
una scala,
verso di quella,
agevole e aperta

III CANTO PURGATORIO (49-51)

Cosa vedere

Passeggiando per il lungomare del paese non potete perdervi la bella Rotonda, con panchine vista mare, pini che fanno ombra nelle giornate assolate e un parco giochi per far divertire i più piccoli.
Continuate fino alla grande e aperta piazza Garibaldi, che affaccia direttamente sullo stupendo golfo.
Qui una bella fontana, panchine per riposare e molti locali dove rifocillarsi e poter gustare i piatti tipici del luogo con una vista mozzafiato.

Continuate a camminare fino al molo di Lerici, proprio sotto al maestoso Castello, che arriva fino alla scogliera lunga 250 metri.

Qui l'ormeggio delle imbarcazioni con un pontile e una riva banchinata.

Affascinante vedere la mattina presto proprio qui al molo, i pescherecci che tornano dalle nottate di pesca.

E' possibile anche acquistare il pesce fresco appena pescato al mercato del pesce che si trova davanti all'attracco delle barche.

Non fatevi mancare una visita alla piccola ma molto caratteristica chiesa di San Rocco, adiacente a Piazza Garibaldi, proprio all'inizio della storica e pedonale Via Cavour.
Entrate in questa struttura religiosa nel centro storico per ammirare lo stile barocco con cui è stata edificata e le varie opere pittoriche che sono conservate all'interno.

Ogni anno, nel periodo natalizio, la chiesetta di San Rocco ospita i Presepi da tutto il mondo.
Questi presepi, che arrivano realmente da tutto il mondo sono custoditi dai Templari Cattolici d'Italia, l'associazione privata di fedeli cattolici italiani, che offrono la possibilità a tutti i fedeli di ammirare all'interno della chiesa lericina.

Castello di Lerici

Lerici è dominato dal Castello di San Giorgio, edificato in più momenti tra il XII e il XVI secolo, che ancora oggi risalta fra tutto il panorama con il suo inconfondibile profilo.
Il castello di Lerici è una fortificazione a base poligonale costruito a partire dal 1152.
E' sicuramente la prima cosa che si vede appena si arriva a Lerici, si trova a picco sul mare, sopra il molo di Lerici.
E' possibile visitarlo tutto l'anno, in alcuni periodi troverete anche delle mostre ad eventi.
Per celebrare i matrimoni è una location perfetta, il panorama è a dir poco spettacolare.
Si può salire salendo le scale che si trovano al molo o da Piazza Garibaldi.
Non fatevi scappare un giro al Castello se siete a Lerici!

Iris e Periplo Travel

Lo sport a Lerici

Sul territorio di Lerici si possono svolgere molte attività, tra cui sport acquatici, come il canottaggio, surf, winfsurf e sci nautico.
Inoltre è possibile trovare un campo da Golf, il Circolo Tennis e una piscina olimpica.

Anche grazie alla presenza di tratti piani e colline, qui è perfetto per percorrere i tanti percorsi e sentieri facendo running oppure escursioni in bike.
Ogni anno viene organizzato anche il Triathlon che porta sempre migliaia di atleti da tutta Italia e pure dall'Europa.

LERICI... DÀ IL TOCCO DELLA PERFEZIONE AL GOLFO, AL MARE CALMO, AI VERDI VELIERI E ALLE ISOLE

VIRGINIA WOOLF

Lerici borgo sul mare da visitare

E' uno splendido borgo da visitare anche in una giornata, amerete passeggiare sul suo lungomare!
Se passate di qui il sabato mattina, troverete anche il classico mercato di paese, che si tiene sempre sulla passeggiata a mare che porta a Piazza Garibaldi.
E' sicuramente anche un ottimo punto di partenza per visitare tutto il Golfo dei Poeti e le famose 5 Terre, grazie anche ai collegamenti marittimi con i traghetti che partono quotidianamente in primavera ed estate.

Fra gli eventi del paese ricordiamo la Festa di Sant'Erasmo, patrono dei naviganti, che si celebra ogni primo sabato di luglio.

Durante la serata si svolge una emozionante processione, dove viene portata la statua del Santo in tutta la baia illuminata.

Una volta a terra, la processione continua fino alla chiesa di San Francesco d'Assisi e santuario della Madonna di Maralunga, santa patrona del comune lericino.

Una volta posizionata la statua, nel paese si dà via ai coloratissimi fuochi d'artificio.

IRIS E PERIPLO
TRAVEL

SAN
TERENZO

*Il piccolo borgo di
marinai*

San Terenzo, il piccolo borgo di marinai

San Terenzo all'inizio dell'Ottocento era un semplice borgo di pescatori della Liguria di Levante.
Originariamente si chiamava Portiolo, ma il suo nome fu cambiato in seguito, anche se ancora adesso non si sa con certezza il motivo.
Ora, nell'era della modernità e tecnologia, San Terenzo è rimasto un piccolo borgo dove puoi rilassarti facendo due passi lungo una delle passeggiate più belle e suggestive d'Italia e goderti tramonti con colori così meravigliosamente intensi che sembra un dipinto.
Sono due le attrazioni degne di nota nel paese, il bellissimo Castello e la famosa Villa Shelley.

Villa Shelley e la sua storia

Dal mare una volta si riconosceva subito San Terenzo grazie a Villa Magni, una bianca romantica casa col porticato posato sulla spiaggia.
L'edificio era sorto nel Sedicesimo secolo come monastero dei padri Barnabiti.
Quando la sua proprietà è passata a privati, l'edificio è stato trasformato in casa di villeggiatura, residenza ambita non tanto per la magnificenza che non aveva, ma per la sua caratteristica e romantica collocazione affacciata sul mare.
Prende il Nome Villa Magni dalla famiglia Magni di Sarzana che ne diventò proprietaria.

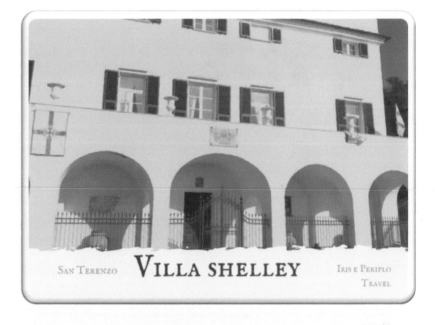

SAN TERENZO **VILLA SHELLEY** IRIS E PERIPLO
TRAVEL

La residenza del poeta

Però questa villa è famosa come Villa Shelley, per essere stata, dall'aprile al settembre 1822, residenza di Percy Bysshe Shelley e sua moglie Mary Shelley, l'autrice del romanzo gotico Frankestein.

Intorno al 1820 si recarono e stabilirono a Pisa, ma il poeta si spinse a cercare altri luoghi nei dintorni. Quando trovò le colline di Lerici ne rimase estasiato e affittò una barca per conoscere tutto il Golfo della Spezia.

Nel corso delle sue escursioni aveva scoperto il suo luogo ideale in quella casa Magni che si trovava appena fuori dal borgo di San Terenzo, con l'uscio direttamente bagnato dall'onda del mare e con alle spalle le ripide pendici del promontorio di Marigola, immerse in un bosco naturale la cui atmosfera era quella di un perfetto e romantico parco, con i suoi splendidi noci e lecci.

Quell'immagine così fortemente suggestiva del porticato a cinque arcate poggiato sulla scogliera, che probabilmente fece innamorare Byron di questo luogo, oggi è mutata e la casa si è allontanato dal

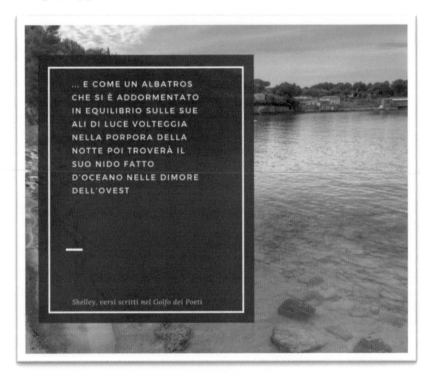

... E COME UN ALBATROS CHE SI È ADDORMENTATO IN EQUILIBRIO SULLE SUE ALI DI LUCE VOLTEGGIA NELLA PORPORA DELLA NOTTE POI TROVERÀ IL SUO NIDO FATTO D'OCEANO NELLE DIMORE DELL'OVEST

Shelley, versi scritti nel Golfo dei Poeti

mare per la realizzazione, a fine '800, della strada litoranea che collega San Terenzo a Lerici, fiancheggiata oggi dalla passeggiata lungomare e dalla grande spiaggia.

Ora fa parte dell'ADSI, l'associazione dimore storiche italiane ed è un Hotel Boutique per i turisti, per lo più stranieri che cercano le tracce dei loro poeti preferiti.

Paolo Mantegazza, scrittore e scienziato che a San Terenzo ambienta il suo libro "Testa", descrive villa Magni con le sue poetiche parole.

Una casa antica, rozza, coi piedi nel mare, con le spalle difese da un monte sempre verde di pini e di lecci, con un terrazzo e un porticato che conduce al mare. Più nave che casa.

Paolo Mantegazza

Il Castello di San Terenzo

Il castello di San Terenzo si trova su un basso sperone roccioso in una suggestiva cornice paesaggistica.

Ha la sua origine attorno al 1400, si racconta che fu costruito durante la dominazione della Repubblica di Genova come bastione di difesa contro le incursioni dei pirati saraceni.

Proprio per questo la grotta che si apre nel promontorio roccioso sul quale sorge il castello è detta "Tana dei Turchi".

Ogni anno d'estate viene proposta la rievocazione storica sulla famosa battaglia contro questi assalti, chiamata proprio la Tana dei Turchi.

Il Castello di San Terenzo

Inizialmente il Castello di San Terenzo era solo un'unica torre quadrata, alta una decina di metri.
Ma in tempi successivi fu aggiunta una seconda cinta di mura.
A forma di un pentagono irregolare e dotata, su tre angoli, di altrettante vedette a pianta circolare.
Aveva anche un fossato, che ora è stato riempito, ma una feritoia del baluardo nord ne denuncia l'antica presenza.

Eventi e matrimoni al Castello di San Terenzo

Come altri castelli della zona è stato oggetto di successivi interventi in epoche diverse che, tuttavia, nulla hanno tolto all'armonia dell'insieme.
Ci si arriva dalla rinnovata piazza Brusacà e poi la salita con degli scalini che porta all'entrata del Castello.
Merita una visita anche solo per il panorama che si apre davanti ai vostri occhi.
Appena sarete sulle prime mura, lo scenario vi aprirà il cuore.

Ad oggi è gestito dal Polo Museale della Liguria e, dopo recenti restauri, ospita mostre temporanee e manifestazioni culturali.

Il 22 Settembre 2018 lo abbiamo scelto come location del nostro matrimonio!
Tutti gli invitati sono rimasti incantati dalla bellezza e dal romanticismo che questo piccolo castello emana!

San Terenzo che del Golfo è più bel fiore

San Terenzo ha anche una bellissima canzone dedicata, scritta alla fine della guerra, un vero inno al paese!
Nel finale della canzone si ritrova anche il caratteristico dialetto santerenzino.
Grazie a questa canzone, qualche anno fa è nata anche la pagina Facebook omonima, dove vengono pubblicate foto e articoli riguardanti il bellissimo borgo.

Nella prossima pagina trovate il testo, che per chi già conosce la canzone, lo leggerà cantandolo.

Per tutti gli altri potete cercare il nostro canale You Tube, dove abbiamo pubblicato un video dedicato, con la canzone cantata dal mitico Fino, poeta e cantore del paese.

Oh San Terenzo
tu del golfo il più bel fiore
le tue casette sono site in riva al mare.
Le tue fanciulle son sovrane nell'amore
e un bacio non ti stanno a rifiutare.
Viva l'amore, viva la grazia
viva il buon cuore della ragazza
viva il "fostrò", "l'essitassion
viva l'amor, viva l'amor,
evviva San Terenzo nel golfo il più bel fior.
E poi vi son tutte quelle collinette
dove gli amanti stanno stretti a far l'amore.
Ove ci sono nascoste quelle parole preziosette
che un bacio non ti dan se a cuore a cuore.
Viva l'amore, viva la faccia
viva il buon cuore della ragazza
viva il "fostrò", "l'esitassion"
viva l'amor, viva l'amor.
E a Lerse tute e done l'en madone
A pu bela la t'ha fregà.
Teae con a Sera l'èn do tera

che l'amoe i ne g'afera!
Evviva San Terenzo che del golfo è più bel fior!

Tellaro, uno dei borghi più belli d'Italia

Tellaro è uno dei borghi più belli d'Italia e fa parte del meraviglioso Golfo dei Poeti, assolutamente da visitare!
Anche perché quando arriverete a Tellaro vi renderete conto che appare come un piccolo borgo dove il tempo sembra essersi fermato.

Giunti alla piccola Marina di Tellaro si può ammirare l'antico paese in tutta la sua bellezza, con le tipiche case dai colori liguri che sembra stiano una sopra l'altra.

> **"**
>
> *Tellaro,*
> *inacessibile come un*
> *nido di briganti*
>
> D.H. LAWRENCE

Tellaro, la sua storia

Le origini del borgo di Tellaro risalgono al X secolo.
Collegato al Borgo di Barbazzo, che con la grande
peste del 1348 si spopolò favorendo lo sviluppo di
Tellaro in quegli anni.
Delle tre torri esistenti, ne rimangono oggi solo due:
una è stata trasformata nel campanile della chiesa di
San Giorgio, e l'altra rimane all'ingresso del paese, nei
pressi dell'oratorio di Santa Maria in Selàa.
La Chiesa Oratorio di Santa Maria fu il primo centro di
culto di Tellaro, e ad oggi ospita cerimonie nuziali,
eventi culturali e mostre.

IRIS E PERIPLO TRAVEL

Un nirvana
tra mare e
cielo, tra le
rocce e la
montagna
verde

MARIO SOLDATI

La chiesa di San Giorgio

La chiesa di San Giorgio di Tellaro è molto caratteristica: ubicata direttamente sul mare circondata da tante piccole case e di un tipico colore rosa pastello.
Questa vecchia chiesa grazie alla sua struttura architettonica, sembra come una nave pronta ad essere varata.

Conserva ancora oggi al suo interno una pala d'altare, bellissima opera pittorica marmorea del cinquecento, scolpita a basso rilievo in marmo.
Mentre il fonte battesimale in stile barocco e la statua di San Giorgio sono state trasferite nella nuova chiesa parrocchiale del borgo, Stella Maris.

La chiesa è legata alla nota leggenda del polpo, come dice l'iscrizione che si trova proprio nell'edificio:

"Saraceni mare nostrum
infestantes sunt noctu
profligati quod polipus
aer cirris suis
sacrum pulsabat"

La leggenda del polpo di Tellaro

Una leggenda narra che durante uno dei tanti assalti dei pirati al borgo, un grosso polpo uscì dal mare e suonò le campane della chiesa per allarmare e salvare la popolazione.

Fu così che da quel giorno il polpo è il simbolo del paese ed ogni anno, nella seconda domenica di agosto si svolge la tradizionale Sagra del Polpo.

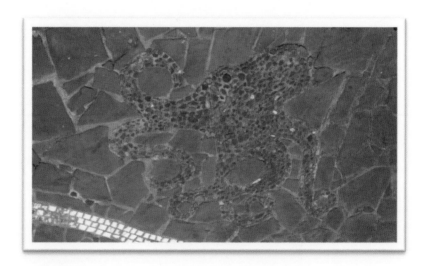

Tellaro e i suoi poeti

Attilio Bertolucci, grande poeta italiano e padre dei registi Bernardo Bertolucci e Giuseppe Bertolucci, veniva abitualmente a cercare tranquillità e quiete nelle mezze stagioni.

Lo scrittore inglese D.H.Lawrence era affascinato da questo borgo e nel 1913 decise di stabilirsi per quasi un anno a Casa Rosa a Fiascherino.

Qui è bellissimo.
Siedo sugli scogli di fronte al mare per tutto il giorno e scrivo.
Ti dico che è un sogno.

D.H. LAWRENCE

"Girate per questi caruggi che sbucano in mare e sedetevi in un angolo tra i sassi della riva.

MARIO SOLDATI

IRIS E PERIPLO TRAVEL

Tra i numerosi personaggi che qui hanno soggiornato, lo scrittore Mario Soldati che, alla ricerca di una cassapanca appartenuta a Lawrence, rimase talmente affascinato dal luogo che vi si trasferì fino alla sua morte.

> **66**
>
> *Lerici*
>
> *Le dieci spiagge*
> *lungo la costa*
> *lericina*
>
> IRIS E PERIPLO
> TRAVEL

Le dieci spiagge lungo la costa Lericina

Lungo tutta la costa del Comune di Lerici si trovano ben dieci spiagge.
E noi le abbiamo visitate tutte e ve le vogliamo raccontare!

Lerici le dieci spiagge: Venere azzurra

Tra Lerici e San Terenzo si trova la grande spiaggia della Venere Azzurra.
Sicuramente la spiaggia più frequentata dai turisti, anche per la maggior possibilità di parcheggi adiacenti e la fermata dell'autobus davanti alla scaletta che porta in spiaggia.
E' divisa in lotti ed è una spiaggia libera e attrezzata, con la possibilità di noleggiare lettini, ombrelloni e pedalò, con molti bar dove consumare dalle colazioni alle cene!

Lido di Lerici

Il Lido di Lerici è uno stabilimento balneare e si trova di fianco alla Venere Azzurra, andando verso Lerici. La sua particolarità è che ha una lunga spiaggia di sabbia e l'acqua del mare molto bassa per un lungo tratto.
Perfetta per le famiglie, soprattutto con bambini piccoli, il suo ingresso è a pagamento.

Spiagge di San Giorgio

Le spiagge di San Giorgio si trovano subito dietro al maestoso castello di Lerici.
Per arrivarci bisogna percorrere la galleria sotto ad esso, che si trova al molo del paese.
Piccoline e incastonate tra le scogliere nella Baia di Maralunga, sono di una straordinaria bellezza!

Stabilimento Balneare Colombo

Lo stabilimento Balneare Colombo si trova dopo la spiaggia della Venere Azzurra, mentre passeggiate verso San Terenzo.
Nuovo e rinnovato, qui trovate sia una bella spiaggia nella piccola baia ma anche un lungo pontile come un vero solarium per un relax completo.
Qui ci sono un bar, un buon ristorante ed un hotel a quattro stelle, Hotel San Terenzo.

Spiaggia di San Terenzo

La spiaggia di San Terenzo costeggia quasi tutta la passeggiata del paese.
E' un arenile, una spiaggia di sabbia fine e molto ambita, divisa tra la spiaggia libera e la spiaggia libera attrezzata Sun Beach.
Ma è desiderata anche durante tutto l'anno, perfetta per rilassarsi davanti al mare e utilizzata per elioterapia.

La baia della Marinella

Sicuramente la piccola baia della Marinella di San Terenzo è una delle più belle.
Purtroppo chiusa da qualche anno per la fragilità delle rocce dietro di essa, si spera di cuore riapra molto presto.

Con un mare così profondamente scuro e senza fine, col cielo bianco perla così lontano e piatto ai propri occhi.

D.H. LAWRENCE

Lerici le dieci spiagge: La Baia Blu

La Baia Blu è una bellissima insenatura tra Punta Santa Teresa e Punta Galera.
Si raggiunge da Pozzuolo e Falconara, stupende le passeggiate per arrivarci da San Terenzo!
L'ingresso alla spiaggia è libero, è divisa in due diversi lotti e si trova nella punta finale della baia.
C'è poi lo stabilimento balneare che offre ristoranti, bar e due piscine, oltre ad essere direttamente sulla spiaggia.

.Eco del Mare

Sulla strada che porta a Fiascherino e Tellaro, si trova
l'Eco del Mare.
Sicuramente una delle baie più belle d'Italia,
incastonata nella roccia, a 60 metri sotto il livello della
strada.
Questo è uno stabilimento balneare privato di lusso,
con ogni tipo di servizio, dal parcheggio privato,

cabine
esclusive,
pochi
ombrelloni e
ben
distanziati
tra loro.

Fiascherino

Tra Lerici e Tellaro ci sono le due spiagge di
Fiascherino, alle quali si accede da scalinate che
scendono direttamente a mare.
Le spiagge, separate da un promontorio roccioso sono
sia libere che attrezzate.
Una vera oasi di tranquillità, anche perché sono
abbastanza piccole e non posso esserci mai troppi
turisti insieme.

La Caletta

Una delle spiagge più belle in assoluto, piccola e completamente nascosta!
Una straordinaria insenatura, raggiungibile a piedi tramite una scalinata che si trova tra Fiascherino e Tellaro, abbastanza anonima.
Oppure dal mare, anche con una canoa e la vista del suo mare cristallino è gioia per gli occhi.

LA PASSEGGIATA
TRA
LERICI E
SAN TERENZO

La passeggiata tra Lerici e San Terenzo

Quando ero bambina i miei genitori mi portavano a passare le vacanze estive in questo luogo incantato in Liguria.

Io, nata in Lombardia, sognavo di vivere nel Golfo dei Poeti, una deliziosa baia che comprende paesi magnifici e conosciuti, come Portovenere, La Spezia, San Terenzo, Lerici e Tellaro.

A vent'anni lasciai il lavoro, gli amici e la famiglia per lanciarmi in questa avventura, andare a vivere al mare!

Dopo venti lunghi anni posso dire che quella di trasferirmi è stata la scelta più coraggiosa ma anche la migliore che ho fatto nella mia vita.

La mia famiglia mi ha poi seguito, ho trovato un meraviglioso marito e la mia vita (e la mia anima) si è rigenerata.
E di questo ringrazio quella passeggiata così affascinante che faccio praticamente tutti i giorni, la passeggiata tra Lerici e San Terenzo.

La passeggiata che da Lerici porta a San Terenzo è stata nominata una delle passeggiate più belle d'Italia e ospita addirittura la prima Walk of Poetry d'Italia. Infatti, camminando con una vista mare davvero invidiabile, potrete ammirare le targhe commemorative con i nomi dei poeti vincitori del Premio LericiPea Golfo dei Poeti alla carriera.

In più la passeggiata che va dalla Rotonda Pertini di San Terenzo alla Rotonda Vassallo di Lerici è stata intitolata a **Sem Benelli, il poeta, scrittore e drammaturgo che ha soprannominato questo meraviglioso luogo proprio Golfo dei Poeti.**
Era l'agosto del 1910 quando Sem Benelli presenziò al rituale funebre dello scrittore italiano Paolo Mantegazza, vissuto per molti anni a San Terenzo, dove rimase fino alla morte.
Ed è durante l'elogio a questo grande artista che Benelli battezzò questi magnifici luoghi, il Golfo dei Poeti.

"Beato te, o Poeta della scienza

che riposi in pace nel Golfo dei Poeti.

Beati voi, abitatori di questo Golfo,

che avete trovato un uomo

che accoglierà degnamente

le ombre dei grandi visitatori"

Sem Benelli

(Filettole, 10 August 1877 - Zoagli, 18 December

Sem Benelli was an Italian playwright, and author of film screenplays. B The Je

Una passeggiata che aiuta a rilassarsi e a concentrarsi.
Da percorrere di mattina presto, di pomeriggio e
(come vi consigliamo noi) al tramonto.
Il panorama che vi troverete davanti sarà da mozzare
il fiato, in qualunque periodo dell'anno.

L'artista del
Golfo dei Poeti

Carlo Bacci

L'artista del Golfo dei Poeti, Carlo Bacci

Pittore, scultore, illustratore.
Carlo Bacci è un artista figurativo a 360° che vive e lavora nel Golfo dei Poeti da oltre 25 anni.
Ma Bacci, attraverso le sue opere, è anche un narratore. Ispirazioni, storie, sensazioni: il racconto dietro le immagini, il messaggio che ha bisogno – per essere completato – dello spettatore, è un elemento fondamentale della sua produzione.

Diplomatosi al Liceo Artistico "A.Gentileschi" di Carrara nell'80, ha anche vissuto e lavorato a Parma. Ma sono i primi anni '90 a segnare un passaggio definitivo nella sua vita: «Ho sentito il bisogno di troncare col passato, mi sono trovato di fronte a un bivio – spiega Bacci – Sono partito per la Spagna e lì, a Las Negras, in provincia di Almeria, in un paese di pescatori dove la strada finisce in riva al mare, ho cominciato a scolpire la pietra seguendone le forme.

Un mondo diverso, in cui c'è rispetto per l'artista e per quello che fa.
Così ho preso coraggio e dopo un anno e mezzo sono tornato in Italia con le idee più chiare. Ho cominciato allora a dipingere».

La vita quotidiana, le figure che incontra lungo il suo cammino, le sensazioni date dal legame con la terra d'appartenenza, il mare, i sentimenti che scaturiscono dalle relazioni e dagli incontri tra le persone, sono le principali fonti di ispirazione delle sue opere nel corso degli anni e i temi che lo hanno portato ad esporre ovunque in Liguria e in Italia, fino a sconfinare, come – appunto – in Spagna, ma anche in Francia.

Per le sue sculture, dopo quelle in pietra calcarea del suo periodo spagnolo, Bacci usa anche ferro, legno, cartoni, compensati, tavole, tele grezze e raffinatissime; parte dagli oggetti logorati dal tempo e sfrutta le proprietà intrinseche dei materiali: «Quando trovo le cose che mi interessano le prendo e poi le compongo.
Ogni cosa è precaria ma, prima del punto di rottura, c'è la possibilità di un ritorno alla vita».

Anche nei suoi dipinti compaiono spesso pezzi di recupero, come ferri arrugginiti, oppure sassi levigati dalle onde.

E non può mancare come soggetto principe, ovviamente, il mare.

Un esempio è "Forma", una silhouette di pesce che rappresenta la sintesi materiale del rapporto tra Carlo e il suo territorio di appartenenza: severa, eretta ed asciutta, non lascia nulla al superfluo, puntando dritta al potere evocativo del suo contenuto.

Sempre diversa ma sempre fedele a sé stessa, "Forma" si muove nel tempo e nello spazio, da più di 20 anni, crescendo ed evolvendosi insieme all'artista, e diventando la protagonista di tele, di sculture e di installazioni, ed assumendo di volta in volta diverse identità

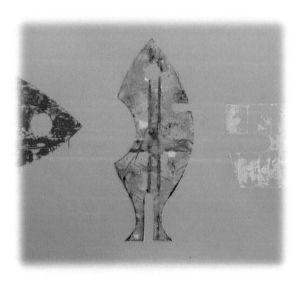

Anche durante la pandemia del Covid-19, Carlo Bacci ha continuato a creare bellissime opere, ispirato dal momento, per regalare un pò di leggerezza e bellezza a tutti.

I Sovi e la cartellonistica del Comune di Lerici

Il Comune di Lerici qualche tempo fa ha avuto davvero una brillante idea!
Far realizzare dall'artista locale Carlo Bacci la nuova cartellonistica che dà il benvenuto all'entrata del paese, insieme a San Terenzo e Tellaro, con protagonista Sovi, il personaggio inventato dalla mente dell'artista.

Quando verrete a visitare il Golfo dei Poeti troverete dei cartelloni davvero fantasiosi e colorati, con i Sovi che vi daranno il benvenuto, intenti a svolgere alcune delle attività che si possono fare in questi borghi.
Come surfare o andare in canoa, leggere in assoluto relax un libro di poesie di Percy Bysshe Shelley o Lord Byron, suonare o giocare a tennis.

Carlo Bacci ha anche prestato la sua dote artistica per creare il bellissimo logo del nostro blog, di cui andiamo molto fieri!
Il disegno originale lo abbiamo appeso nel nostro salotto, insieme a tutti i vari souvenir collezionati dai nostri viaggi.

COSA
MANGIARE
NEL GOLFO
DEI POETI

IRIS E PERIPLO TRAVEL

Cosa mangiare nel Golfo dei Poeti

La cucina ligure in generale è davvero ricchissima di sapori, tutta la regione propone piatti genuini che nascono dalla vita marinara e contadina della sua popolazione.

Ogni comune di questa terra ha la propria specialità e Lerici non è davvero da meno!

Se passate nel comune di Lerici ci sono dei prodotti food assolutamente caratteristici che non potete perdervi.

Non potete dire di essere stati nel Golfo dei Poeti se non avete assaggiato almeno una di queste specialità.

FOCACCIA E OSTRICHE

Biscotti di Lerici

I biscotti di Lerici sono un prodotto da forno delicato e profumatissimo, tipico del golfo.
Hanno l'aspetto di una fetta di pane tagliata un po' alta con un favoloso aroma di anice, che li rende unici.
Sono conosciuti ed apprezzati in tutto il mondo per la loro digeribilità e la loro fragranza.

La leggenda narra che alla fine del XVII secolo una donna volle fare una sorpresa al suo bel marito marinaio che stava per imbarcarsi.
Gli preparò dei deliziosi biscotti, li mise in una scatola di metallo e li nascose tra le cose del consorte nel suo baule.
Lui non se ne accorse per molto tempo, ma quando li trovò rimase piacevolmente sorpreso quando li assaggiò e scoprì che erano ancora fragranti e aromatici.
Da quella volta la moglie glieli preparò ad ogni sua partenza, finché durante un viaggio una tempesta

travolse la sua barca e non tornò.

Ma la donna continuò a sfornare quei biscotti e cominciò a venderli ai navigati, per rendere più dolci e leggeri tutti i loro viaggi nei sette mari, portando con sè i sapori di casa.

Biscotti delicati sono quelli di Lerici nel Golfo della Spezia: conosciuti in breve giro di territorio, ma degni di fare il giro del mondo, sia per la loro digeribilità, sia per il leggero aroma di anice che li profuma, e per la loro straordinaria leggerezza.

PAOLO MANTEGAZZA

Poncré

Non tutti lo conoscono, ma non sanno quello che si perdono!
Il Poncré è un dolce tramandato di generazione in generazione, la cui ricetta originale, la unica e segreta, è della famiglia Oriani del Bar Pasticceria omonimo a San Terenzo.
Infatti la parola Poncré deriva proprio dall'acronimo Pasticcere Oriani Nino Creatore Ricetta Esclusiva.

E' stato inventato più di cent'anni fa ed è un dolce simile al plumcake ispirato praticamente al pandolce genovese.

La sua consistenza è morbida, a base di uvetta, pinoli e frutta candita, e rimane soffice e delizioso per diversi giorni.

Anche se al gusto può assomigliare al pandolce, che solitamente viene consumato durante le feste natalizie, il Poncrè si sforna e si gusta tutto l'anno.

E non viene acquistato solo dai locali e i clienti abituali, ma davvero molti sono i visitatori e i turisti che vanno alla ricerca di questa specialità per portare a casa un dolce davvero tipico del Golfo dei Poeti.

Il Poncré da ormai un secolo conserva intatta la sua
bontà, grazie alla morbidezza, al suo gusto unico e un
aroma inconfondibile.
Quando passerete a San Terenzo, passate dalla
Pasticceria Bar Oriani e chiedete del mitico dolce.

Focaccia della Linetta

La focaccia della Linetta è la tipica focaccia ligure che arriva tutti i giorni appena sfornata dal forno del paese, alla rivendita dello storico panificio Rizzoli a San Terenzo.

E' detta "della Linetta" perché è il nome della proprietaria del forno, anche se non è più lei a produrre ma la figlia Barbara.

Lo sappiamo tutti che la focaccia ligure, o la fugassa è inimitabile e buonissima.

La focaccia della Linetta si caratterizza per essere morbida all'interno e croccante sui bordi e all'esterno. Salata, umida e sicuramente ben oliata, è ricca di tanti alveoli in cui si accumulano l'olio (di quello buono) e i granelli di sale.

Se cercate il panificio Rizzoli, soprattutto nei periodi con molti turisti, lo troverete sempre con una coda fuori dal negozio, sinonimo di prodotto d'eccellenza da assaggiare assolutamente!

Muscoli e Ostriche

Forse non tutti sanno che i noti muscoli della Spezia vengono allevati a Santa Teresa che si trova nel comune di Lerici.

Sì, perché qui non li chiamano cozze o mitili, ma quelli che troverete nel Golfo dei Poeti sono rigorosamente muscoli.

La Cooperativa Mitilicoltori Associati nasce nel 1983 ed ora conta ben 86 soci che si tramandano un'attività oramai secolare, di padre in figlio, con metodi antichi, che permettono di mantenere una produzione autoctona.

A Santa Teresa di Lerici avviene la produzione e depurazione mitili ed ostriche allevati nel Golfo della Spezia.

Grazie al bellissimo mare di Lerici e di tutto il golfo, premiato da anni con la bandiera blu, alle condizioni climatiche particolari e ottime per i mitili, rendono questi prodotti davvero unici!
I muscoli della spezia sono uno dei piatti tipici di questa zona, e tutti concordano nel dire che sono molto gustosi anche mangiati molto semplicemente.

Negli ultimi anni è tornata la coltivazione delle ostriche nel Golfo, grazie anche a tecniche di pulizia migliori e più sicure che danno un'eccellente qualità del prodotto.

Infatti le Ostriche della Spezia sono un prodotto davvero pazzesco, gustosissime e una tira l'altra come le ciliegie.

Molti le considerano migliori pure di quelle francesi,

per le dimensioni più ridotte e la delicatezza dei frutti di mare locali, che hanno un caratteristico colore verde.

LE RICETTE DEL GOLFO DEI POETI

Le ricette del Golfo dei Poeti

I piatti tipici del levante ligure e del Golfo dei Poeti sono davvero molteplici.

Sarebbero tante le ricette che avremmo voluto farvi conoscere, ma intanto vi consigliamo di passare da Lerici, San Terenzo e Tellaro per assaggiare e assaporare le buonissime pietanze che caratterizzano questa zona della Liguria.

Alla fine ne abbiamo scelte cinque, quelle a cui siamo più legati sentimentalmente e che secondo noi vi farà conoscere meglio il Golfo dei Poeti.

Muscoli ripieni

Uno di quei piatti a cui non puoi dire di no, i muscoli ripieni sono la quint'essenza del gusto!

Il piatto tipico per eccellenza del Golfo dei Poeti, ora vi sveliamo la ricetta per cucinarli a casa e gustare tutta la bontà dei muscoli con il suo delizioso ripieno.
Ogni famiglia in Liguria ha una sua rivisitazione della ricetta, che dà il proprio tocco personale, ma pensiamo che questa che vi scriviamo sia la ricetta che più si avvicina a quella originale.
Ci scusiamo fin da subito con tutti i ristoratori del luogo, ma per noi comunque i migliori muscoli ripieni sono quelli che preparano mamma e papà.
Perciò se volete consigli su una riuscita perfetta dovete chiedere a Emanuela e Bruno, noi vi possiamo solo dire che sono di una bontà infinita.

Ingredienti

2 kg di muscoli
Un mazzetto di prezzemolo fresco
Uno spicchio d'aglio
Della mollica di pane bagnata nel latte
Un cucchiaio abbondante di parmigiano
50 gr di mortadella tritata
2 uova

300 g di pomodori pelati (meglio se freschi)
Uno spicchio d'aglio
Vino bianco
Sale e pepe

Come preparare i muscoli ripieni

Lavare e pulire bene i muscoli: metterli a bagno nel lavandino con acqua fresca, grattare il guscio con un coltello per togliere eventuali incrostazioni e il bisso (chiamato anche barbetta).
Preparate il sugo di pomodoro, con uno spicchio d'aglio, un filo d'olio e un poco di prezzemolo.
Sfumarlo con il vino bianco e aggiungere i pelati, metterlo sul fuoco basso e farlo cuocere 15 minuti circa.

Ora preparate il ripieno per i muscoli.
Mettere in una terrina la mortadella, le uova, la mollica del pane ammorbidita e strizzata, il parmigiano, prezzemolo e aglio tritato.
Mescolare tutto con una forchetta, dovete avere un composto morbido.
Aprite i muscoli crudi, aiutatevi con un coltellino per separare i gusci avendo l'accortezza di non recidere il nervo che li tiene uniti.

Riempirli con il composto preparato, richiuderli e adagiarli in una pentola, uno di fianco all'altro in verticale, in questo modo i muscoli rimarranno chiusi durante la cottura.

Finito di riempire la pentola con i muscoli ripieni, versare sopra il sugo con un mestolo e far cuocere per mezz'ora.

Servite i muscoli ancora caldi, il sugo sarà di una bontà infinita!

Se vi avanza utilizzatelo per condire un piatto di spaghetti, ci ringrazierete.

Muscoli Arancia e Zenzero

Questa è una ricetta nuova ed innovativa, nata a Lerici dall'estro della chef del Ristorante Paolino.
E' un piatto che noi adoriamo, così fresco, saporito e speziato al punto giusto grazie al sapore unico dello zenzero.
I titolari del ristorante sono stati così gentili da donarci la loro ricetta e noi vi sveliamo come prepararlo a casa.

Ingredienti per 4 persone

1 Kg di muscoli
1 spicchio d'aglio
2 cucchiai di olio extra vergine d'oliva ligure
Mezzo bicchiere di vino bianco
Il succo di un'arancia
1 cucchiaino di zenzero in polvere o grattugiato fresco

Come procedere per portare a tavola un profumatissimo piatto di muscoli

Per preparare i muscoli arancia e zenzero iniziate dalla pulizia degli stessi in questo modo.
Riponete i muscoli in una ciotola e sciacquateli sotto l'acqua fresca corrente.
Aiutandovi con un coltello eliminate le impurità dal guscio, quindi togliete la barba (o bisso).

Prendete una padella e fate soffriggere lo spicchio d'aglio nell'olio extra vergine d'oliva.

Versate i muscoli e fateli aprire a fuoco vivo, coperti con un coperchio. Quando avranno cominciato ad aprirsi sfumateli con il vino bianco.

Dopodichè aggiungete lo zenzero e il succo d'arancia, fate cuocere il tutto per pochi minuti scuotendo di tanto in tanto il tegame.

Servite i muscoli su un piatto da portata, versando sopra la salsina rimasta sul fondo della pentola.

Polpo alla Tellarese

Vi abbiamo già raccontato la leggenda del polpo di Tellaro, ma ora vi spieghiamo come cucinare un buonissimo polpo alla tellarese.
Un polpo lessato con le patate e condito con olive, prezzemolo e del saporito olio extra vergine rigorosamente locale.

Ingredienti

Un polpo di un chilo circa
700 gr di patate
Uno spicchio d'aglio
Un mazzetto di prezzemolo fresco
100 g di olive nere
Un limone
Olio extravergine d'oliva ligure
Sale e pepe

Come procedere per preparare il polpo alla tellarese

Sbucciare le patate, tagliarle a pezzetti e lessarle in acqua salata.
A parte portate a bollore in una pentola abbondante acqua salata, adagiare il polpo nella pentola e cuocere per 40 minuti.
Un consiglio: lasciate raffreddare il polpo nella sua acqua di cottura, in questo modo rimarrà tenerissimo!

Scolate il polpo, tagliatelo a pezzetti e mettetelo in una ciotola con le patate. Aggiungete le olive e del sale e pepe a piacimento.

Condite con un trito di prezzemolo e aglio, il succo di un limone e del buon olio extra vergine d'oliva ligure. Potete tranquillamente prepararlo in anticipo e servire il polpo alla tellarese freddo o a temperature ambiente.

Cocktail Golfo dei Poeti

Non poteva mancare tra le ricette un ottimo cocktail dedicato al nostro incantevole golfo.
Abbiamo chiesto consiglio al bar tender de Il Portiolo di San Terenzo, Lamberto Maccari.
Tutti i cocktail che ha creato sono unici e squisiti, assaporarli seduti ad uno dei tavolini del suo bar con vista mare è un'esperienza paradisiaca.

Ingredienti

3 parti di vodka
1 parte e mezzo di liquore al basilico
5 parti e mezzo di limonata
Per decorare
Un rametto di rosmarino
Due foglie di basilico
Uno spicchio di limone

Come preparare il cocktail

Prendete un calice da vino (o da spritz per intenderci)
e versate per prima cosa la vodka.
Aggiungete poi il liquore al basilico e la limonata,
infine mescolate delicatamente.
Guarnite il bicchiere con la fetta di limone, nel cocktail
il rametto di rosmarino e le foglie di basilico.
Il vostro Golfo dei Poeti è pronto per essere gustato!

Panino al polpo di Biscotto

Biscotto, così è affettuosamente chiamato Achille Franco Lanata, che ha incantato le papille gustative di più di una generazione.

Con i suoi famosi panini, ha fatto conoscere sé stesso e la sua storica osteria-enoteca del Biscotto che si trovava a Solaro, a livello nazionale e non solo.

Nel golfo dei Poeti tutti lo conoscono e lo stimano, noi abbiamo voluto scegliere uno dei migliori panini creati da lui da inserire in questa guida, il panino al polpo.

Ingredienti

Pane integrale
Robiola
Polpo
melanzane
Provolone dolce
Pomodoro
Aglio
Olio e limone
Sale e pepe nero

Procedimento

Dopo averlo sezionato, fate cuocere il polpo per circa 40 minuti e lasciatelo raffreddare nella sua acqua, poi spadellatelo con alcuni grani di sale grosso.
Quindi tagliatelo a fettine sottili e mettetelo a marinare in olio, limone, sale e pepe.
Nel frattempo grigliate anche le melanzane che marinerete con olio e origano.
Per la composizione del panino fate scaldare le due fette di pane ovviamente spalmate con la robiola e con la provola.
Intanto preparate il pomodoro, le melanzane e il polpo, farcite il panino e usate la bagna del polpo per bruschettarlo.
Questo è un panino impegnativo ma di grande effetto.

Se volete conoscere tutti i panini di Biscotto, li trovate nel suo libro *50 sfumature di... panino. Viaggio nel mondo dei panini.*

DOVE MANGIARE NEL GOLFO DEI POETI

Anche senza glutine

Dove mangiare nel Golfo dei Poeti, anche senza glutine!

Nel Comune di Lerici c'è davvero l'imbarazzo della scelta per consumare un buon pasto, che sia in un buon ristorante, in una friggitoria o in uno dei tanti bar vista mare e non.

Avendo io un problema con il glutine, ho dovuto limitare i posti dove potermi rifocillare, anche se per fortuna in tanti hanno sempre qualche soluzione senza glutine per i celiaci.

Siccome in molti, soprattutto nel periodo estivo, mi chiedono consiglio su dove mangiare senza nessun pensiero, ho deciso di inserire in questa guida, quattro locali nel comune di Lerici, dove tutti posso consumare un ottimo pasto, anche chi soffre di celiachia o ha una intolleranza al glutine.

Ristorante da Paolino

Il ristorante Paolino è uno storico locale di Lerici, nella discesa di via Gerini, proprio di fianco al cinema teatro Astoria.

La prima cosa positiva che noti quando entri in questo locale e l'accoglienza calorosa del proprietario, che ti fa sentire subito il benvenuto e uno di famiglia.

Il loro è un ampio menù di specialità proposte, tutte realizzate selezionando accuratamente i prodotti di garantita freschezza e ottima qualità.

Tantissime le opzioni di pesce, avrete solo l'imbarazzo della scelta, ma anche per chi ama più la carne ci sono varie scelte che accontenteranno tutti.

Ed i più golosi non potranno fare a meno di assaggiare i favolosi dolci di loro produzione!

Ristorante Paolino gluten free

Il ristorante Paolino è riconosciuto dall'Aic, associazione italiana della celiachia che raccoglie i locali senza glutine informati sulla celiachia e che offrono un servizio idoneo alle esigenze alimentari dei celiaci.

Qui non hanno un menù dedicato al senza glutine, ma basta chiedere al gestore, che solitamente passa per tutti i tavoli a prendere le ordinazioni, per avere tutte le opzioni disponibili gluten free.

Troverete il titolare del locale molto attento alle esigenze del cliente e decisamente preparato sulla celiachia.

Noi abbiamo pranzato da Paolino durante un giorno di festa con tutta la famiglia, anche se la celiaca è solamente una.

In questo modo siamo stati sicuri di mangiare tutti, tranquillamente e senza problemi.

Ottimi i loro antipasti di pesce, ma anche i primi piatti, compresi quelli senza glutine e non è sempre semplice.

Si sente ad ogni boccone la passione che viene messa in ogni loro piatto, anche per questo lo consigliamo, soprattutto per le grandi cene con dei celiaci.

Hanno anche un ottimo servizio di trasporto per accompagnare i loro clienti ai parcheggi appena fuori paese quando è presente la ZTL, sia all'andate che al ritorno.

E' unico e inimitabile, si tratta di una carinissima ape calessino bianca, per degli spostamenti confortevoli e agevoli nelle zone a traffico limitato.

Iris e Periplo Travel

La Locanda del Sole Nero

Gluten Free in Liguria

La locanda del Sole Nero

"La Locanda del Sole Nero è una trattoria a conduzione familiare.
Qui non troverete Chef né Sommelier, ma la terza (e quarta) generazione di persone che hanno scelto di lavorare per l'accoglienza.
La nostra cucina è semplice, casalinga, porta la tradizione della nostra terra e la storia della nostra famiglia."

Con questa introduzione si capisce subito cosa si trova andando a mangiare alla Locanda del Sole Nero.

Locanda del Sole Nero, un ristorante Gluten Free Friendly

Anche se non fa parte del circuito AIC, la Locanda del Sole Nero è un ristorante davvero Gluten Free Friendly!
Sono molto preparati sull'argomento, davvero attenti e in più preparano loro il pane e focaccia adatto ai celiaci.
Ormai è il nostro ristorante di riferimento, non solo per il senza glutine, ma pure per tutta la famiglia e per gli amici.
A tutti piace la cucina della Locanda del Sole Nero, e la qualità del cibo ne fa uno dei migliori ristoranti del comune di Lerici.
In più, oltre la buona cucina c'è anche la simpatia dei titolari che girano tra i tavoli del ristorante, ti fanno sentire come a casa, ti viziano e ti fanno sempre sorridere, oltre che a farti mangiare bene.
Se sono tra i primi posti nella classica di TripAdvisor vuol dire che non siamo gli unici a pensarla così, ne siamo veramente contenti per loro e ovviamente noi lo consigliamo!

Restaurant delle Palme

Il Restaurant delle Palme è il ristorante storico annesso all'Hotel Shelley e delle Palme, totalmente rinnovato e di recente apertura.
Un ristorante fine ed elegante dove si possono gustare piatti prelibati e tipici liguri in una ambientazione raffinata, affacciati sul Golfo dei Poeti.

La sala del Restaurant delle Palme

La sala del ristorante, molto ampia e con un arredamento ricercato, ha una lunga storia alle spalle. Ancora adesso che è stata ristrutturata ha mantenuto un certo carattere storico, presentando preziosi affreschi di inizi '900 opera del Navarrini.
I titolari ci tengono molto a mantenere vive le radici del ristorante, come quelle dell'Hotel Shelley e delle Palme.

Le grandi vetrate della sala, il silenzio quasi irreale, rendono magica una serata cenando a uno dei tavoli del Restaurant delle Palme.
Dotato di impianto di climatizzazione e attrezzature di qualità all'interno, il ristorante vi propone anche una raffinata terrazza esterna con vista sul Golfo dei Poeti. Una location a dir poco romantica che diventerà perfetta per ogni evento o incontro grazie ai piatti presentati nel menù.

Le novità: forno per pizze e cucina senza glutine

Nella nuova ristrutturazione il ristorante ha apportato delle aggiunte molto importanti.

Infatti oltre ai loro magnifici piatti di pesce e le opzioni per chi preferisce mangiare carne, ci sono due eccellenti novità!

La prima è l'inserimento di un forno professionale per servire una pizza alla napoletana, a lievitazione naturale, con impasto fresco fatto "in casa" utilizzando solamente materie prime di qualità. In questo modo potete gustarvi anche una buona pizza in un ambiente di classe con un personale di una cortesia davvero d'altri tempi.

La seconda novità riguarda i celiaci che abitano nelle zone limitrofe e quelli che passeranno per Lerici, sia per un week end che per una vacanza più lunga.

Il Restaurant delle Palme ha creato una cucina aggiuntiva, esclusivamente per preparare i piatti **senza glutine**, senza dimenticarsi del gusto e del giusto impiattamento da parte dello chef.

Sono molto preparati sull'argomento, in quanto il figlio dei titolari del ristorante e dell'hotel è celiaco, perciò conoscono molto bene la problematica e la difficoltà di trovare degli ottimi locali gluten free soprattutto durante le vacanze.

Al Restaurant delle Palme si organizzano ogni tipo di eventi, come meeting, convegni o feste per ricorrenze come compleanni o anniversari.

In più lavora con professionalità e servizi esclusivi per organizzare al meglio il giorno del matrimonio, rendendolo memorabile e perfetto in ogni dettaglio. Lo spettacolare paesaggio che circonda la location è infatti una perfetta cornice per il ricevimento e per il book fotografico delle nozze.

Grazie all'esperienza e creatività di chi lavora e gestisce il Restaurant, avrete la certezza di fare un figurone in ogni occasione.

Bar Travalà

Travalà, che in italiano sarebbe Tra la Valle, è il vecchio nome della zona che da Pugliola arriva fino alla spiaggia della Venere Azzurra.
Ora in questa area si trova il grande parcheggio del comune di Lerici, La Vallata.

Dalla colazione all'apericena

Al Bar Travalà trovate di tutto e di buona qualità!
Iniziamo dalle splendide colazioni, brioche sempre
calde e gustosissime, caffè e cappuccini serviti in
meravigliose tazze personalizzate con il Castello di
Lerici che tutti vorrebbero avere a casa propria.

I pranzi sono all'insegna di focacce e panini farciti in
diversi modi, dai più semplici a quelli elaborati e
invitanti.
Ma anche tante insalate, torte di verdura, hamburger
e per i più piccoli (e non solo) un invitante piatto con
cotoletta e patatine.
Per ultimi ma forse anche i più buoni e quelli che
vanno per la maggiore durante i pranzi vista mare,
degli ottimi primi piatti della tradizione ligure.

Grazie alla bellezza della terrazza con una vista mozzafiato soprattutto al tramonto, vanno per la maggiore le apericene.
Ma anche per la disponibilità dei titolari e l'abbondanza di cibo che viene preparato e servito durante questi aperitivi.

Se prenotate meglio ancora, i ragazzi di Travalà di organizzeranno veramente una festa, se invitate gli amici e i parenti farete un figurone!

Avrete, sulla vostra tavolata, taglieri di salumi accompagnati dagli sgabei, che per chi non li conoscesse sono delle strisce di pasta lievitata fritte e salate in superficie.

E poi tramezzini, crostoni con pomodorini e acciughe, quadratini di torte di verdura e focaccia.

Durante l'estate non potranno mancare anche il riso in insalata, il farro con tonno e gamberetti e la pasta fredda condita.

Non potrete che essere soddisfatti quando lascerete Travalà e non vedrete l'ora di tornarci!

Senza Glutine al Bar Travalà

Anche se siete celiaci o avete un'intolleranza al glutine, potete tranquillamente fermarvi qui per colazioni, pranzi e aperitivi.

Per la colazione troverete sempre almeno un paio di scelte di merendine confezionate certificate senza glutine.
Per i pranzi e le apericene è possibile trovare tutti i giorni diverse opzioni.

Tra queste la pizza margherita senza glutine, hanno quelle 'surgelate ma molto buone e con la possibilità di qualche aggiunta.
Oppure la farinata, tipico piatto della tradizione ligure a base di farina di ceci, che condita con un pò di stracchino caldo è la fine del mondo.
Ma è possibile richiedere anche dei primi piatti pronti certificati senza glutine, le insalate o i piatti freddi come prosciutto e melone oppure il polpo con le patate.

Insomma, il bar Travalà è pronto per accontentare tutte le esigenze e tutti i loro visitatori.
A voi non resta che salire le scale della loro panoramica terrazza e farvi coccolare dai ragazzi sempre molto disponibili.

DOVE DORMIRE

I nostri consigli

Consigli su dove dormire nel Golfo dei Poeti

Siamo arrivati quasi alla fine della nostra guida, ma non possono mancare i nostri consigli su dove poter soggiornare durante una visita al Golfo dei Poeti. Anche qui, come per i ristoranti, la scelta è davvero molto ampia e risponde a tutte le esigenze.

Noi abbiamo scelto tre opzioni, una diversa dall'altra, per accontentare tutti.
Infatti vi consiglieremo un appartamento, un bed & breakfast e un hotel, così da dare un riscontro ad ogni necessità.

Iris e Periplo Travel

Appartamento dei marinai a San Terenzo

La soluzione migliore per pernottare a San Terenzo è sicuramente affittare un appartamento.

In questo modo sarete liberi da orari, potrete mangiare in casa quando vi pare, magari ordinando un buon fritto da asporto e una ottima farinata!

Noi vi consigliamo un perfetto appartamento, in una zona tranquillissima ma a due minuti a piedi dal mare.

L'appartamento dei marinai si trova in via Trogu numero 64 a San Terenzo, uno dei vicoli, o caruggi come vengono chiamati in Liguria, più caratteristici del paese.

E' stato rinnovato da poco, tutti gli arredamenti sono nuovi e di buona fattura.

E' disposto in modo che ci sia davvero tutto il necessario per delle vacanze senza pensieri!

All'entrata c'è una stanza bella grande con soggiorno e cucina attrezzata.

Qui troviamo un divano letto matrimoniale, televisione, tavolo da pranzo, fornetto elettrico, fornelli a induzione, microonde e frigorifero.

Un piccolo corridoio porta al bagno con doccia, bidet e lavasciuga, molto utile in tutte le stagioni!

In fondo al corridoio c'è la stanza da letto, anche lei in un locale molto grande, infatti comprende un letto matrimoniale, un letto a castello e l'armadio a 6 ante!

E' possibile affittarla per qualche giorno o per un mese, ovviamente in base anche alle possibilità del proprietario.

Nelle immediate vicinanze c'è un bar dove poter fare anche colazione e il supermercato Coop, per la vostra spesa.

Parcheggio privato

San Terenzo e Lerici sono Zone a Traffico Limitato (ZTL), ma se soggiornerete all'appartamento dei marinai non avrete problemi!

Infatti ha anche un parcheggio privato esclusivo con accesso tramite una sbarra motorizzata a circa 150 mt dalla casa.

Perciò avvisiamo che da metà settembre fino a metà giugno è possibile transitare liberamente in paese.

Ma nel periodo estivo, per ovviare al divieto di transito in zona ztl, il proprietario chiederà gentilmente ai clienti i dati del veicolo utilizzato, per comunicarlo poi al Comune di Lerici.

Come contattare Diego, il proprietario dell'appartamento dei marinai

Per affittare l'appartamento dei Marinai a San Terenzo potete contattare direttamente il proprietario.

Si chiama Diego, è una persona gentile e disponibile per tutto.

Noi lo conosciamo di persona e vi consigliamo di affidarvi a lui proprio perché è davvero una brava persona di cui ci si può fidare.

Contattare Diego è molto semplice:

- Whatsapp o chiamata al 333.79.83.767

- Via email a febolone75@alice.it

Quando scriverete o telefonate per informazioni e per prenotare non dimenticate di dire che vi mandano Sara e Ruggero di Iris e Periplo Travel, avrete un trattamento speciale!

Bed and Breakfast La Locanda del Sole Nero

Non solo un ottimo ristorante, la Locanda del Sole Nero offre anche delle camere dove poter soggiornare.
Si trovano proprio adiacenti al locale omonimo, a due minuti a piedi dal mare a dalla favolosa passeggiata.

Sono solo due le camere, per un soggiorno tranquillo e famigliare, hanno anche un parcheggio ad uso gratuito per tutti gli ospiti del bed & breakfast.

Le camere della Locanda del Sole Nero

Le camere sono rustiche, molto ampie ed accoglienti, hanno davvero tutto il necessario per una vacanza. Sono dotate di letto matrimoniale, molto comodo e confortevole, in una di queste è presente pure un divano letto per una terza persona.
In ognuna c'è un armadio per i vostri vestiti, con all'interno anche un comodissimo mini frigo.
Il bagno privato, doccia con idromassaggio a colonna ed asciugacapelli.
In più non mancano bollitore con tutto il necessario per prepararsi un the o una rilassante tisana, una scrivania od un piccolo tavolino e la TV a schermo piatto con canali via cavo.
Tutte le aree del bed & breakfast sono coperte dalla linea di Wi-Fi gratuita.

La colazione

La colazione viene servita ogni mattina ai tavoli del ristorante, quella che troverete è una colazione abbondante continentale.

Perciò preparatevi ad iniziare la giornata con la pancia piena, un primo pasto del mattino all'insegna del dolce e del salato.

Avrete brioche, yogurt, succo d'arancia, marmellate di tutti i gusti e a scelta caffè o cappuccino, tutto servito al tavolo.

Ma poi arriva il piatto con affettati e formaggi, le uova sode e il pane e la focaccia appena sfornata.
Una colazione davvero completa e che soddisfa tutte le esigenze.

Se non volete scendere al ristorante di prima mattina, su richiesta potete avere il servizio direttamente in camera all'orario che preferite.
Per gli amici celiaci, se avvisate i titolari del vostro arrivo, avrete delle opzioni senza glutine per non avere pensieri.

La cosa migliore che rimane impressa a tutte le persone che soggiornano alla Locanda del Sole Nero è la disponibilità e la simpatia dei gestori.
Sono molto premurosi con tutti i loro ospiti, li mettono a loro agio e fanno iniziare la giornata ad ognuno con il sorriso, che non è poco!

Potete contattare **Leandro e Mariangela** per avere più informazioni e per prenotare sia via email, che telefonicamente.

- Email locandadelsolenero@libero.it

- Telefono 0187.972162

- Cellulare 340.81.35.970 - 366.50.09.919

Hotel Shelley e delle Palme

L'hotel Shelley e Delle Palme è un'ottima soluzione di soggiorno, proprio sul lungomare Biaggini di Lerici, nel meraviglioso Golfo dei Poeti.

Dalle sue stanze una vista davvero privilegiata, infatti dai loro terrazzi si può ammirare un fantastico panorama: Lerici con il suo imponete castello, San Terenzo, Portovenere, l'isola Palmaria e l'isola del Tino.

Ci teniamo a dire che anche se è sicuramente un hotel lussuoso ed elegante, i titolari sono persone favolose e con loro troverete indubbiamente un ambiente familiare che farà molto bene al vostro benessere emotivo.

La sua storia

La costruzione dell'hotel si colloca tra la fine dell'800 e i primi anni del 900.
L'albergo venne acquistato dalla famiglia che ancora adesso lo possiede nel periodo del dopoguerra, nel 1947.
Chiamato ai tempi Hotel delle Palme, negli anni '50 fu aggiunta la denominazione Shelley, anche grazie allo sviluppo turistico straniero.

Tra i numerosi ospiti famosi che hanno soggiornato negli anni all'Hotel Shelley e delle Palme, ricordiamo il poeta e saggista inglese D.H. Lawrence.

Durante la sua permanenza, nel settembre del 1913, scrisse una lettera a Edward Garnett, anche lui scrittore inglese e curatore delle opere letterarie di Lawrence.

In questa lettera descrive con sue parole ed in maniera assolutamente perfetta la sua sosta presso questo hotel.

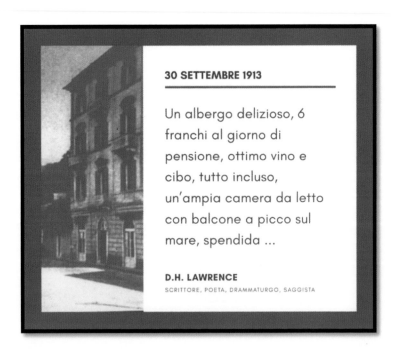

30 SETTEMBRE 1913

Un albergo delizioso, 6 franchi al giorno di pensione, ottimo vino e cibo, tutto incluso, un'ampia camera da letto con balcone a picco sul mare, spendida ...

D.H. LAWRENCE
SCRITTORE, POETA, DRAMMATURGO, SAGGISTA

Le camere dell'Hotel Shelley e delle Palme

L'hotel Shelley e delle Palme è dotato di molte camere, con diversi tipi di soluzioni.
Tra queste ci sono quelle con vista mare, le camere interne e molto silenziose che affacciano sul giardino e dei mini appartamenti.
Comunque sono tutte dotate di aria condizionata e hanno la connessione Wi-Fi gratuita.
In più una TV satellitare a schermo piatto e il bagno privato con asciugacapelli e set di cortesia.

L'hotel è totalmente accessibile per i disabili, hanno delle stanze dedicate senza barriere e bagni provvisti di infrastrutture specifiche.
E' anche una struttura Pet Friendly, perfetta per ospitare gli amici a quattro zampe, ma comunque animali di ogni specie.
Riservato agli ospiti della struttura, il parcheggio per la vostra auto, privato e in garage al coperto.

La colazione

Tutte le mattine farete un'ottima colazione che viene servita nel ristorante storico annesso all'hotel, di recente riapertura, con vista sulla baia.

La colazione è ottima, ben assortita con cappuccini e caffè all'altezza del gusto italiano e con diverse opzioni, di dolce e salato, tutte preparate al momento.

I servizi dell'Hotel Shelley e delle Palme

L'hotel vanta una terrazza privata con accesso diretto al mare, con un panorama meraviglioso, dove è possibile prenotare un ombrellone e un lettino prendisole nel periodo estivo.

Molto suggestiva la zona relax, con poltroncine e tanti libri tra cui scegliere per rilassarsi con qualche lettura in tutta calma.
C'è anche un bar lounge impreziosito da un **arredo particolarmente coinvolgente** per finire le serate in bellezza.

Ma se volete rilassarvi davvero, al primo piano dell'hotel trovate il **centro benessere Venere**.
E' aperto al pubblico ed è il luogo ideale per prendersi una pausa dalla vita di tutti giorni e rigenerare il corpo e la mente.
Il centro benessere è ad uso privato e per la coppia e dispone di una Sauna finlandese, una Doccia emozionale e di una zona relax con angolo tisane.
Ha anche una sala massaggi con grande terrazza con vista sul Golfo dei Poeti.

Il centro benessere Venere ha pure un buon centro estetico, per manicure, pedicure estetico, smalto semipermanente, epilazione e tanto altro.
E' presente anche un'incantevole terrazza con solarium e una vista spettacolare, dove viene servito l'aperitivo, per un momento indimenticabile.

Se state cercando una location di classe per organizzare dei convegni, meeting o altri eventi speciali, l'Hotel Shelley e delle Palme viene incontro ad ogni vostra esigenza.
Sono sempre molto disponibili e con tutte le soluzioni utili per ogni tipo di ricorrenza.

Hotel Shelley e delle Palme partecipa attivamente al Festival **Suoni del Golfo**, l'evento fiore all'occhiello delle estati lericine.
Ogni anno ospita gli artisti provenienti da tutto il mondo che danno vita all'Orchestra Excellence, l'orchestra Sinfonica del Festival e tutte le personalità d'eccellenza del mondo della musica classica.
Lo Shelley e delle Palme, durante l'evento, diventa luogo d'incontro con i grandi nomi del Festival, con rassegne artistiche e aperitivi per promuovere il festival e celebrare gli artisti.

Infine l'hotel fa parte del progetto **Art Hotel Italy**, che riunisce alberghi e altre strutture ricettive di tutta Italia, uniti dalla comune vocazione di promozione dell'arte.

Infatti ospita **negli spazi comuni** delle interessanti mostre ed eventi culturali con opere di artisti locali.

Potete contattare l'**Hotel Shelley e delle Palme** sia per informazioni che per prenotare una visita nel bel Golfo dei Poeti.

- Telefonicamente al numero *0187.968204*

- Per email *info@hotelshelley.it*

Ringraziamenti

Grazie per aver comprato e letto questa nostra guida, creata per farvi scoprire un angolo di paradiso Italiano e darvi dei consigli sul vostro prossimo viaggio nel fantastico Golfo dei Poeti.

Se vi è piaciuta lasciate una bella recensione a 5 stelle su Amazon, aiuterà altri viaggiatori come noi a scegliere Le Guide Fast di Iris e Periplo Travel!

Ringrazio tutte le persone che mi hanno aiutato e tutti gli amici che hanno collaborato e hanno reso possibile questa guida, a cui tengo davvero di cuore.

Comincio con ringraziare Beppe Mecconi per avermi fatto utilizzare il testo della canzone di Fino, pubblicata nella sua raccolta "Fino, canzoni e poesie".

Grazie a Carlo Bacci e ad Alida per la fiducia che mi hanno dato nell'ultimo anno nel lavoro che mi piace fare.

Grazie ad Achille "Biscotto" e a Lamberto del Bar Portiolo per le loro ricette, a Barbara del Panificio Rizzoli e Maria Velia del Bar Oriani per la fiducia nei miei confronti.

Grazie per la disponibilità ai titolari del Ristorante Paolino, e a quelli dell'Hotel Shelley e delle Palme, davvero gentili e socievoli con tutti.

A Leandro e Mariangela della Locanda del Sole Nero, a Diego che ha sempre creduto in me.

Un ringraziamento speciale a mio marito Ruggero, fotografo e video maker del sito web, che ha realizzato le foto di questo libro, che mi supporta e sopporta in tutte le mie pazze idee, come pubblicare questa collana di guide.

Potete seguire i nostri viaggi e tutti i consigli qui:

Sito Web - https://www.iriseperiplotravel.com/

Facebook - https://www.facebook.com/iriseperiplotravel/

Instagram - https://www.iriseperiplotravel.com

Per avere informazioni sul nostro lavoro di Travel Blogger, promozioni, recensioni ecc. potete contattarci alle nostre email:

- saretta@iriseperiplotravel.com

- salghero@iriseperiplotravel.com

Printed in Great Britain
by Amazon

24162449R00096